I0763521

Русское Безрубежье

Вера Зубарева

МЕЖДУ ОМЕГОЙ, АЛЬФОЙ И ОДЕССОЙ: ТРАМВАЙЧИК-2

Стихи разных лет

Charles Schlacks, Jr. Publisher
Idyllwild, CA
2022

Вера Зубарева

МЕЖДУ ОМЕГОЙ, АЛЬФОЙ И ОДЕССОЙ:
ТРАМВАЙЧИК-2

Стихи разных лет

ISBN: 978-1-884445-86-6
ISSN: 2380-6672

В книгу вошли новые стихи Веры Зубаревой об Одессе, а также некоторые стихи из «Одесского трамвайчика».

Вера Зубарева, Ph.D. Пенсильванского университета, родилась в Одессе. Автор более 20 книг, включая поэзию, прозу и литературоведческие монографии. Первый сборник стихов вышел с предисловием Беллы Ахмадулиной. Публикации в журналах «Арион», «Вопросы литературы», «День и ночь», «Дружба народов», «Зарубежные записки», «Интерпоэзия», «Нева», «Новый мир», «Новая юность» и др. Лауреат муниципальной премии им. Константина Паустовского, первый лауреат Международной премии им. Беллы Ахмадулиной, Международного конкурса «Лучшая книга года», Международного Литературного Форума «Золотой Витязь» и других международных литературных премий. Главный редактор журнала «Гостиная», президент проекта Русское Безрубежье. Пишет и публикуется на русском и английском языках.

Художник Татьяна Поповиченко.
Дизайн обложки и внутренний дизайн Вадима Зубарева.

СОДЕРЖАНИЕ

ЛИЦА

ПОИСК ЗЕМЛИ

ПЕСНОПЕНИЕ ТРАМВАЯ

СУММА ОДИНОЧЕСТВ

ВХОД СВОБОДНЫЙ

Евгений ГОЛУБОВСКИЙ. Вступительное слово

«С Ангелом белой акации…»

Вспомнилась старая песенка Александра Вертинского

Я знаю: даже кораблям
Необходима пристань.

Вспомнилась потому, что я знаю: порт приписки лайнера «Вера Зубарева» — это Одесса.

Кто-то подумает, что шучу. Наоборот — лирически, ностальгически настроен, так как только что прочитал пронзительную книгу стихов Веры Зубаревой «Между Омегой, Альфой и Одессой: трамвайчик-2».

Знаете, какое слово по частотности превалирует в ней? Нет, не любовь — хоть, конечно, она и о любви; нет не кровь — хоть, конечно, в книге много страсти, беды и горя.

Чаще всего поэт вспоминает — МОРЕ.

К морским глубинам тянется душа…

Удивило ли это меня? Нисколько. Дочь моряка, прославленного лоцмана Кима Беленковича, она родилась не просто в Одессе, а в доме, где морем жили, где — скажем так — волны бились о борт квартиры. Память отца живет в стихах Веры Зубаревой, она продолжает с ним свой диалог, а в моём ощущении — исповедуется перед ним, рассказывая и о себе, и о своем (их) Городе.

Я не рецензирую новую книгу Веры Зубаревой. Делюсь впечатлением с читателем, у которого, если он читает это вступительное слово, сборник стихов в руках.

Думаю, рецензенты будут размышлять о том, как к классическому русскому стиху поэт прививает веточки новой поэзии, используя ритмику Блока, дыхание Ахмадулиной…

Мне бы хотелось, чтоб читатель ощутил боль автора за судьбу Города. И поэт имеет на это все права.

Я родилась в этом городе…

И где бы она ни находилась, с ней «куликовский ожог», с ней трагедия 2 мая…

Какие-то стихи этой книги я помнил на память. Теперь и эти хожу и бормочу уже третий день:

Чёрное море
Чёрное небо
Шепчут молитвы
Священник и ребе
Держит мужчина
В разбитом окне
Связку тюльпанов
(Дочке? Жене?)
Чёрное море
Чёрное небо
Чёрная лестница
Чёрного склепа
Блик на стене
Проступил и остыл
Пусто гестапо
Пепел и пыль
Чёрное море
Чёрное небо
Город-маяк
Капитана тебе бы

Думаю, не нужно объяснять, что Одессе в русской литературе повезло.

«Грамоту на бессмертие» ей выписал Пушкин, её воспевали Багрицкий и Кирсанов, Маяковский и Пастернак, Михайлик и

Гланц… Новая книга Веры Зубаревой — еще одно подношение нашему городу. Уверен, она целиком, как мегатекст, должна входить в антологии об Одессе.

Как бы власть имущие не пытались нивелировать Город, им это не удаётся.

Притяжение Одессы сохраняется.

Запах белой акации, даже смешавшись с запахом дыма, все еще уловим.

И Ангелы берегут одесситов всего мира.

Евгений Голубовский

ОТ АВТОРА

Название книги дано по стихотворению, прочитав которое можно без труда понять подтекст, имевшийся в виду. И всё же, во избежание эффекта обманутых ожиданий, хочу предупредить читателя, что предлагаемая книга — не сборник юмористических стихов и баек об Одессе, хотя в ней есть и весёлые страницы. Дух Одессы проявляется не только в байке. Одесса — город жизнерадостный, но не легковесный. Люди, умеющие шутить — самые серьёзные люди на свете. Это только кажется, что одесситы лихо шагают по жизни, не ведая тревог. «Ах, Одесса, узнала много горя!», — поётся в известной игривой песне, под которую красотки кабаре вытанцовывают канкан в фильмах об Одессе. Да, именно так, на ноте жизнеутверждения любит поведать Одесса о самых мрачных страницах своей истории.

Были и другие истории, и ещё будут. Но главное — будет Одесса, и будут одесситы. Одессит — это больше, чем просто житель Одессы. Иногда в Одессе к слову «одессит» прибавляют эпитет «настоящий», дабы подчеркнуть разницу между этими двумя понятиями. В чём она состоит? В одном из своих дневников отец написал:

Босфор остался за кормой. Впереди раскинулось родное Черное море. И все как будто бы стало иным. Кажется, какая может быть разница между Чёрным и, например, Средиземным морем? И там вода, и тут вода. И там ясное небо с теми же звездами, что и тут. Но разница есть. Откуда-то издалека ветер приносит запах йодистых водорослей, звезды тусклее и более знакомы. Кажется, что даже дельфин черноморский прыгает вокруг носа не так, как в других морях.

Нет так, как в других морях… Сложно сформулировать в строгих терминах разницу, которая постигается в тонкостях, открытых любящему взгляду. И разницу между одесситом и жителем Одессы не передать в двух словах. Её может прочувствовать только настоящий одессит. Любовь к Одессе у него в генах. Он знает, как ценить красоту города и его историю, и не станет разрушать ни то, ни другое во имя каких бы то ни было политических воззрений или материальных выгод. В этом смысле настоящий одессит — это настоящая мать из притчи о Соломоне и двух матерях.

И принесли меч к царю. И сказал царь: рассеките живое дитя надвое и отдайте половину одной и половину другой. И отвечала та женщина, которой сын был живой, царю, ибо взволновалась вся внутренность ее от жалости к сыну своему: о, господин мой! отдайте ей этого ребенка живого и не умерщвляйте его. А другая говорила: пусть же не будет ни мне, ни тебе, рубите. И отвечал царь и сказал: отдайте этой живое дитя, и не умерщвляйте его: она — его мать.

(Третья книга Царств 3:16-28)

В настоящем одессите заложена мудрость соломонова. Она диктует ему решения, связанные с сохранностью Города. И свободу настоящий одессит понимает в библейском смысле, т.е. вне зависимости от воли того или иного фараона. Это объясняет свободный дух Одессы во все времена, её энтузиазм и способность функционировать в самые тёмные исторические периоды. И функционирование Города касается не только бизнеса, но и литературы и искусства, без которых артистичный, творческий дух Одессы немыслим.

Одесса — город, направленный на созидание, город радушный и открытый, но не лежащий на поверхности. Не всё в нём доступно стороннему взгляду, в особенности сейчас, когда колорит легендарной Одессы пожух, ушёл в подполье. Но он ещё воспрянет стараниями одесситов, выйдет из своих катакомб, расцветёт своим самобытным цветеньем и зазвучит в точности по Пушкину, адресовавшему Одессе эти строки:

И скоро звонкой мостовой
Покроется спасенный город…

Каждый вагон моего трамвайчика полнится своими радостями и печалями, и ни один из вагонов не отцепить ни времени, ни людям. У одесситов цепкая историческая память. Придут новые кондукторы и вагоновожатые, сменятся декорации времени, переименуются улицы туда и обратно, а трамвайчик будет идти и идти.

НЕВОД ПАМЯТИ

* * *

Вот и снова заброшен невод.
Плещется ночь в бухте чернильницы.
Между нами целое небо
Переливается древней кириллицей.
Это я опять причалила к берегу,
Это небо опять растеклось по рельсам,
Это мой трамвай из прошлого века
Наблюдает моё возвращенье из рейса.
Вот и всё. На странице полночь,
Полночь в городе, полночь на башне.
И спешит на подмогу прошлое
С ободком от свечи вчерашней.

* * *

..и когда сниму руку Мою, ты увидишь Меня сзади,
а лицо Мое не будет видимо.
(Исход 33:23)

Снится поезд. Снова снится поезд.
Колея ведёт в темноту.
Это поиск. Это вечный поиск.
Три дороги. Всегда выбираю не ту.
Снится поезд. Плутает впотьмах дорога,
Дом неизвестно, с какой стороны.
Поиск родины — как поиск Бога:
Если увидишь, то только со спины.
Мчится поезд.
Сон по забытому, брошенному.
Уж сколько лет…
Мчится поезд. Опять и опять по прошлому.
Настоящей прошлого ничего и нет.

* * *

Там все храпели в этом поезде,
вагон был — что семейный клан.
Качало. Отступали горести.
Стучала ложка о стакан.

Выхрапывались откровения,
с соборностью наедине,
все спали-грезили и верили:
всё то, что снится, — не во сне.

Под стук колёс росло и ладилось
то, что разладилось давно,
и жизнь вздремнула и расслабилась,
с фантазиями заодно.

Вдоль полнолуний с полноводьями,
минуя город и вокзал,
все ехали навстречу родине,
но где она, никто не знал.

И каждый верил и надеялся,
что будет спать до тех времён,
пока в душе не развиднеется,
или на то, что это сон.

В мобильниках стучали новости
с колёсами наперебой,
и все храпели в такт им в поезде
одною братскою судьбой.

* * *

Ветер в городе,
на море шквал,
по всем каналам
штормовое предупреждение,
всё перекраивается,
трещит по швам,
спутаны злые и добрые гении.

Разгул подворотен,
голодранцы-ветра
выпускают мусор
на радость мухам,
теперь он свободен
и грохочет «ура!»
и расстреливает улицу,
воспрянув духом.

Ветер, ветер…
Где Блок,
Где Бог…
Город уже не тянется к истине.
Город измучен,
Город продрог,
Город тулится к своей пристани.

Городу хочется
укрыться в плюще
спящих двориков
и там кантоваться.
Городу хочется
уединения при свече
(то есть — в Присутствии,
а не в отсутствии электрификации).

Море зализывает ожоги с торцов.
Городу снятся мёртвые как живые.
Город бормочет на языке отцов
слова
которыми
выложены
мостовые.

И памятник воскресает в полный рост,
простирает руку,
снимает усталость.
И ветер стихает,
и моря холст
выравнивается, и по нему
пишется
парус.

* * *

Перед стихами плохо спится.
Тревожно в мыслях, на душе,
Мелькает жизнь, мелькают лица,
Свет на четвёртом этаже,
Трамвай, набитый до отказа,
Столб на углу (причём тут он?),
Фонарь, что подстрелили сразу
(Ушёл в запой он с тех времён),
Закат на улице Марсельской,
За воробьём следящий кот
И ритм всего — почти вселенский —
Прибой в двух остановках от…

* * *

Какой там сон,
Когда стихи идут,
Спешат, торопят, не дают отсрочки!
Отрезанный ломоть —
Все там, я тут.
Прорвало дамбу —
Строчки, строчки, строчки.
Идут стихи, а, может, не стихи,
А, может, звёзды падают в копилку,
А может, рыб роятся косяки —
Тех, что у Бога только на посылках.
Рождённые в созвездье рыбарей,
Они несутся из морей небесных,
А я ловлю их из своих морей
Между Омегой, Альфой и Одессой.

* * *

А у кромки воды,
Там все люди становятся птицами,
И вдыхает Лузановка
Солью пропахшее небо.
Этот берег — в ладони песок —
Снова снится мне,
И колышутся жизни
В сплетениях памяти-невода.
Побережий пески —
Словно древних морей мемуары.
В склепах раковин,
Тёплой водою подсвеченных,
Только тени усопших моллюсков
Да йодистый траур,
Да личинки, как мумии,
Между прахом и вечностью.
Я иду и иду
По осколкам закатного зарева.
Волны катятся, словно пустые бутылки.
Это я их сама с побережья другого отправила,
А теперь вот встречаю у сна на развилке.
Прямо двинусь — проснусь;
Влево — встретит жужжанье сирен
И разбитые лодки мидий — чаек добыча;
Вправо — полые крабьи доспехи,
Да солнце, давшее крен,
И оборванный след на песке —
То ли твой, то ли птичий…

У БЕРЕГА ДРУГОГО

ВЕНА

1

Дом начинён до отказа друзьями.
Три часа ночи. Последний друг –
самый забытый, самый, самый,
из детства, из глупостей, с кем адресами
никогда не обмениваются, и не испытывают мук
по этому поводу (следуя нормам
общепринятым – было и нет),
раскручивая на палке растопыренный кед,
решится,
войдёт.
И дом будет взорван.

2

Вена ещё далека.
Автобус подъехал к дому.
Каждому – два глотка
Воздуху или рому
Из опухолевых фраз,
Растущих в том, характерном
Направлении для метастаз.
Автобус заводится в нервном
Стремленье рвануть.
Сейчас!..

3

Посредине чёрной ночи –
Руки поднятые ввысь.
Посредине чёрной ночи –
Кто простись, а кто – молись.

Посредине чёрной ночи
То ли падал, то ли плыл
Дом опустошённый отчий
Сквозь ладоней млечный тыл.
Восклицанье «Вена! Вена!»
Заставало вновь врасплох
И, как скрытая каверна,
Прожигало каждый вдох.

4

Автобус юлит над обрывом.
Дорога к границе – что к Господу на суд.
По таким неправдоподобным извивам
Лишь ангелы смерти преставленного несут
По его же замирающим мозговым извилинам.
Каждый чувствует себя распиленным
Или расколотым вследствие грандиозной аварии
На левое полушарие
И на правое полушарие.

НЕБО ИТАЛИИ

Страшно не то, что оставлен дом
И роздано прошлое неизвестно на чью потребу,
А то, что чувствую себя, как фантом,
Меж созвездий, расставленных по новому небу.
Каждый мой
Последующий шаг
Всё дальше
Уводит
От привычного
Ориентира,
А инакомыслящий Зодиак
Переворачивает основы мира.
Закрываю глаза,
Возвращаю себе небосвод,
Где созвездия – как бесформенные скопления.
Ночью звёзды не складываются в аккорд,
Коль от каждой отлучают гения.
Итальянское небо,
В котором себя не найти,
Хоть возьми телескоп
И обследуй квадрат за квадратом.
Как умерший, проплавав ещё в бытии,
Не поняв, что к чему,
Не распавшись на клетку, на атом,
Наконец-то умрёт, потрясённый, возле белых зеркал,
Белых-белых, как шок отразившихся близких,
Так и я,
Задрав подбородок, чтоб исполнить вокал,
В этом зеркале жизни
Не вижу самой вокалистки.

* * *

Ночь в безмолвном предместье, как кома.
Чуть ворочает лес языком.
В мертвой части запавшего дома,
Будто это не я за окном.
Бродит в кране сознанье, решая
Бытия надоевший вопрос.
Три недели, как после лишая
У луны не осталось волос.
Кто-то хочет пробиться снаружи,
Из Вселенной – в утопленность клумб.
Но дома, точно старые ружья,
В звезды целятся дулами труб.
Кто стремился быть в роли посланца –
Покружил между звезд и – иссяк.
Никому в эту жизнь не пробраться
Ни по небу, ни мыслью, никак.

* * *

Ныряет ночь в узорах и изломах
Под тяжесть разодетых насекомых.
Панбархатом обшитое крыло
Дородной бабочки
Даёт внезапно промах
И возмущённо бьётся о стекло.
Феерии бессчётных светляков,
Что мчатся на огни особняков
И разлетаются на мелкие осколки,
И сыпятся на травы и на ёлки.
Достигнуты заветные места.
Но как же и кому досталась та,
Другая жизнь,
в нехитром до-мажоре
Проигранная запросто, с листа?..
Опасный аромат любви и скорби
Разлит по дому,
и жуки-гиганты
Штурмуют окна замкнутой веранды –
Запаянной, с их точки зренья, колбы,
Откуда ты, должно быть, происходишь –
Второй судьбы искусственный зародыш.

В ВЕНЕЦИИ

Зимний воздух
Работы венецианских мастеров
Переливается в обрамлении кварталов.
Иллюзией двойственности миров
Наполнены кладези каналов –
Там колышется роскошь
Зацветших илом дворцов,
И плещущая о стены праматерь Хаоса
Сочленяет отражения и объекты,
Как сиамских близнецов,
Этажами нижнего яруса…

Гондола со статуэткой гондольера
Покачивается в лужице золота.
Детали собора, где для полноты интерьера
Не хватает только серпа и молота,
Веселятся и утверждают
Собственные каноны.
Спёртые кони и фиктивные колонны
Разрастаются на солнце,
Будто в них подмешали дрожжи.
Над этими водами
Носился Дух Божий!

Венеция,
Ты будешь сниться всегда
Той, что смотрелась в твои каналы
И печалилась, что не оставила ни следа,
И о будущем ничего не знала.
Снись ей,
Как страннику снится кров,
Чтобы не шёл в бездуховном унынье,

Снись,
Вместо вытатуированных снов
На мозга исколотой половине,
Когда имя, написанное по латыни,
Отчуждается от его родослов...
И когда шлагбаум опускается
Под стать гильотине –
Снись!

* * *

Ночь напролёт свистят ветра.
Стонет колонка в центре двора.
Море клокочет у неё внутри.
Морская фигура на месте замри.
Не замирает. Движется шторм.
Движется облако. Движется дом.
Небо дремучее
Обложено тучами.
Я на другом берегу.
На другом…

* * *

У берега другого знать, что там,
Где ходят сны за ночью по пятам,
Рисуют легковесные наброски,
И снится переулкам и дворам
Из пепла возрождённый Город-храм
Со свитком вод и звонарём в матроске.

Роятся чайки, и со всех сторон
Струится звон из колокольных волн,
И чудо-рыба отливает солнцем,
Привозом акварельным всех времён,
И управляет щедрый князь Гвидон,
И царь Салтан на всех парах несётся.

И много, много разных дивных див,
И у волны морской там свой порыв,
Диапазон такой, что всем на зависть,
Когда выводит из глубин мотив
И переходит на речитатив,
Из раковин на сушу проливаясь.

А на асфальте вмятины с тех лет
Акации усеял белый цвет,
И мимо дома шествует прохожий.
Его уж нет. И дома тоже нет.
Но я смотрю, смотрю, смотрю им вслед
У берега другого… Или нет —
Всё у того же.

* * *

Хлещет по стёклам ноябрь.
Город к штормам готов.
Дом поставлен на якорь.
Якорь отлит из снов.
Крепче стали их сплав.
Дерево-дирижёр
Машет, листвой всё устлав.
Берег его бережёт.
Время осенних сюит.
В городе листопад.
Звон над морем стоит.
Плачет море-Синбад.
Это колокола
Ожили на ветру.
Это поёт холода
Кто-то там, наверху.

ПРИСТАНЬ

Памяти отца

день взлетает
ночь садится
снежность в облаке таится
и слегка уже седой
город по воде струится
влажных раковин зарницы
между морем и звездой

снов наброски
жизней блёстки
театра тёмные подмостки
в ожиданье непогод
млечный свет на перекрёстке
и как точечная роспись
выплывает пешеход

он идёт своей дорогой
город снежный
город строгий
прибывает на пути
дерево стройнеет в тоге
светофора свет недолгий
успевает замести

капля стынет и не бьётся
он идёт
позёмка вьётся
пристань с лестницы видней
он идёт
она дождётся

даже если всё сотрётся
в снег на этом полотне

* * *

...после огня веяние тихого ветра, и там Господь.
(3 Цар 19:11-12)

Где обитает тихий ветер,
И сны встречаются тайком,
Где жизнь рифмуется со смертью,
Пчела рифмуется с цветком,
Звезда — с душой, и перекрёсток —
Со сретеньем календарей,
Где дома солнечная блёстка,
И роза пенится морей,
Где шторм взбивает их перины,
Там Город в створке — притча притч.
Срифмованы судьбою с ним мы,
И даже в лютую годину
Нас не удастся разлучить.

* * *

Помнишь, луна над трубою светила?
Помнишь, домой загоняли всех силой
В самый разгар болтовни, беготни?
Помнишь, куда улетели те дни?
Как же не помнить!
Помню, конечно —
В тёмный скворечник
На ветке черешни,
Что пустовал по весне без скворца.
В нём только ветер гудел без конца.
Помню и лето, и все эти сказки,
Тёмное море в лунной окраске.
Кто-то кого-то звал из окна.
Все разошлись… Я осталась одна —
Где-то уже на другом побережье,
С новою жизнью, с памятью прежней.
Будто скворец, что тогда улетел.
Будто скворечник, что всё ещё цел.

* * *

Снится Город в дожде.
Снится Город в ветрах.
Отраженье в воде
Разбивается в прах.
Снится Город-туман,
Снится Город-фантом,
Хлещет море из ран,
И рассыпался дом.
Мне его не спасти.
Мне ему не помочь.
Я иду к нему каждую чёртову ночь.
И врезаюсь во мглу,
И стою на ветру,
И зову.
И сама рассыпаюсь к утру.

ДОМА И УЛИЦЫ

* * *

…А за полночь, когда пустеют пляжи,
Латает мостовые Дерибас,
Дома-дворяне высятся на страже
Истории, отправленной в запас.
Как рыцари без страха и упрёка,
Былые знаменуют времена,
И смотрит осаждённая эпоха
Из каждого заветного окна.
А завтра снова пекло, звон трамваев,
Пёс у лотка, мальчишки со двора
На великах выкатывают стаей.
Идут часы. Мороженое тает
И капает, вливаясь во вчера,
В страну молочной радости и света
Нечитанного Ветхого Завета,
Куда бежали все — и стар и мал,
Где до сих пор обещано всё это —
Ведь прошлого никто не отменял.
И тем оно прекрасно, как страница,
К которой в предрассветный час прильнём,
Чтоб знать: былое хоть не повторится,
Но не умрёт, коль будущее — в нём.

* * *

Жаль дом — смесь красоты и ада.
К нему ведут все сны и все пути.
И в памяти — как он дышал на ладан,
Когда настали времена разлада,
И он скрипел прощальное «прости».
Дом-шулер, дом-обманщик, дом-притворщик,
Дом-лицедей, дом-лицемер и проч.
В нём розыгрыш взрывоопасной мощи,
И от него отскакивает ночь.
Коварный дом, коварней всех злодеев.
Он знает, как присниться в этот час,
Когда угрюмы тени от деревьев,
И что-то в них незримое от нас.
Каким его люблю, таким и помню.
Былому для возврата нет помех —
Оно само взберётся по балкону,
Которого, как дома, больше нет.
А есть лишь ты, и вечный сан скитальца.
Всё остальное — памяти гибрид,
Игра теней. И лучше не вдаваться
Во всё, что там оно наговорит.

ПАМЯТИ ДОМА

В Одессе произошел новый взрыв…
Из газет

Вот пал ещё один… Как будто бы сапёр
На минном поле жизни подорвался.
Сорвавшись с тонкой ветки, через двор
Лист похоронкой кружит в ритме вальса.
Клубится пыль, где дом успел осесть,
Ещё не понимая, что случилось,
И дерево оплакивает весть,
Оно навек с балконом разлучилось.
Трещат ступени, рушится карниз,
И херувим остался без опеки.
Пал занавес стены, и мир кулис
Открыл всё то, чем живы человеки.
А чем душа жива — не на виду.
Дождавшись в уголке укромном,
Приснится, чтобы мучить наяву,
И, жизнь спустя, всё так же зваться домом.

* * *

Улица в заре вечерней,
Мягкий свет на куполах.
Собираются к вечерне
Тени в кронах и стволах.
Тропка к морю в виде змейки,
Как лазейка от невзгод.
Спит газета на скамейке
И в обнимку с нею кот.
Скомкан ветром мир бумажный.
Проступают из вчера
Старый дом многоэтажный,
Запах моря, тишь двора,
Думы, жизнь на переправе…
И уже на грани сна —
Силуэт семьи в оправе
Драгоценного окна.

* * *

Здесь никто ничего не помнит,
Здесь две улицы, пляжи и порт.
Этот город как на ладони.
Этот город — город-курорт.

И цветут его рестораны,
И на дачах до ночи фуршет.
Этот город всем по карману.
Этот город всем по душе.

У него на лице улыбка,
И в театрах его аншлаг,
В кошельке золотая рыбка,
И шаланды полные благ.

Чёрный ворон ему не помеха,
Серый волк ему не беда.
И история — кладезь смеха.
Он смеётся последним всегда.

Он и в смуту глядит эмиром,
В нём дворы звенят детворой,
В нём справляют свадьбы всем миром.
Этот Город — город-герой.

* * *

Памяти Олега Губаря

Да здравствует Город,
В котором есть дворики,
Чьи стены наощупь,
Как раковин створки,
Где окна, и двери, и жизнь — нараспашку.
(Не та, что, как зебра, а та, как тельняшка.)
Да здравствует Город,
Всевышним отмеченный,
Да здравствует Город
И утром, и вечером,
И тёмною ночью,
И звёздною ночью,
Да здравствует Город —
Любви средоточье,
Хранитель истории,
Вкусных рецептов,
Дворов со всемирно известным акцентом,
С накрытым столом
Для друзей и соседей,
С лозой над тарелками
Жоры и Феди,
Чьи тосты от сердца,
Без ложной риторики.
Да здравствует Город,
В котором есть дворики!

* * *

Над морем полнолуние весеннее,
И бликами вода всё чаще грезит.
Уже недалеко до воскресения,
До пикников, детей на волнорезе.
Ещё апрель, но маем воздух мается.
Май в думах, май во всём — в небес покрое,
В сиянье вод, начищенных до глянца,
И пасха выпадает на второе.
И мысли ходят всё вокруг да около
Запретной даты, что сошлась с Заветной,
И Город по ночам гудит, как колокол,
Не от мирского — от морского ветра,
И караваны рыб, мечтой навьюченных,
Несутся по барханам волн к Одессе,
И снится всем, как Второмайский Мученик
Из пепла облаков воскресе…

ЛИЦА

АКТРИСА

Елене Кукловой

Кто ты сегодня? Ветер? Снег?
Девятый вал? Пески? Ковчег?
Чей голос говорит тобой
С вершин, где неба лишь прибой
Да всплеск души,
Да вспых крыла?
Вот поднялась, вошла, взошла…
И зал — затих,
И жест — вознёс
Нас за тобою
В зону грёз,
Иль в зону гроз,
Где ветра пыл,
И парусник души, и весть,
И проступает тот, кто был,
Чтоб перейти в того, кто есть.
Зал-пристань в ожиданье тех,
Кто к нам причалит за тобой.
Вновь занавес взмывает вверх…
Кто ты сегодня? Снег? Прибой?

* * *

…я тогда и не догадывалась, … что судьба подарит мне книжные драгоценности, любовно собранные моим мужем…

Валентина Голубовская

«Мама купила книгу»

Евгению Голубовскому

Рождённый в декабре, несёшь тепло.
Излука переулка — как интрига.
И сыплет снег, и воздух замело,
Но дышит там, за пазухою, книга.
Она жива, и ты её несёшь.
Она прижалась с верою младенца
И спит, и греет, отгоняя дрожь,
Пульсируя с тобою сердце в сердце.
Метёт метель. Одесса, Ленинград…
Конармия снежинок в Достоевском…
Нет, это Пушкин вьюжит, встрече рад,
И потакает кутерьме окрестной.
А ты идёшь сквозь сон мостов Невы,
Библиотек декабрьских коридоры
К началу самой трепетной главы,
Где примет книгу *та*… и скоро… скоро…

* * *

Евгению Голубовскому

Ничто не даётся так трудно душе, как стихи.
Особенно те, что растут из неё, а не сора.
Я снова иду, приглушая немного шаги,
И ждёт меня свет, что за дверью в конце коридора.
Войду, расскажу, что с утра небеса развезло
И было по ним продвигаться задачей нелёгкой,
Что рельсы двустиший упёрлись в туман как назло,
И выйти пришлось на какой-то другой остановке.
А там — бездорожье, и всё незнакомо опять.
Бродила и слякоть одну развезла по тетради.
А он мне в ответ: ничего, мол, стихи написать —
Не жизнь бередить. И столетья, бывало, не хватит.
И выудит вечер из облака рыбку-звезду,
И спустимся в жизнь мы на лифте, и буду я праздно
Пирожное с чаем вкушать в той столовой внизу,
Садится в трамвай и вздыхать,
Что в стихах — всё сложнее. Гораздо.

* * *

Уходит город с волнореза.
Вдоль обезлюдевшей косы
Плывут качели и навесы
И не имеющие веса
Его фонтаны и дворцы.
Конец каникул, воздух замер,
Струится память по воде,
Бормочут волны свой гекзаметр,
Баклан с печальными глазами
Нудит весь день по ерунде.
Ну что ещё? Остатки света,
Письмо, застрявшее в уме,
И вариации ответа
Тому, кто снится на корме…

* * *

А.Ш.

Начинает вечереть.
Камыши ерошит ветер.
Над водою солнца треть,
Под водой его две трети.
Это время кораблей
С маяками ожиданья.
Заполняет Хаджибей
Половину мирозданья.
Ты плывёшь, и я плыву
Параллельно и бок о бок.
Что во сне? Что наяву?
Разум полон мышеловок.
Мы прозрачнее воды,
Мы подвижнее движенья,
Мы видны и невидны,
Мы и быль, и отраженья.
По ту сторону косы
Кораблей сиянье в водах.
По ту сторону косы
Ни огней, ни пароходов.
Всё уходит, как вода.
Все приходит, как она же,
Из когда-то в никуда
И потом опять в однажды.
Взяв на будущее курс,
Я плыву в любимом прошлом,
Ты — в сегодняшнем, тревожном…
Хаджибей. Закатный блюз.

* * *

Это ничего,
Это только ветер,
Это только машина завелась у дома,
Это только голубь
На подоконнике бредит,
И голубка бубнит в ответ монотонно.
Это только поздняя осень в учебнике.
Это только запах жёлтой страницы.
В нём настольная лампа
И свет предвечерний…
Это ожил отец.
Это только снится.

* * *

Памяти отца

К морским глубинам тянется душа.
Там всё знакомо — кривизна пространства,
И копошенье — эхо вечных странствий,
И тьма, откуда жизнь произошла.
К морским глубинам тянется душа.
Туда же осень тянется за летом,
Туда уходит день за новым светом
И мысль за отрицаньем рубежа.
К морским глубинам тянется душа,
Чтоб в голос крови вслушаться взатяжку,
Следить, как жизни бродят нараспашку
По кромке неизвестного числа,
И ощущать привязанность нутра
К рассеянному тлению заветов
И расщепленью памятных моментов
На бесконечность краткого вчера.

СТАТУС ОТСУТСТВИЯ

Памяти друга

1.

вот он стал уже прошлым,
унёс с собою
звонок в дверь,
посиделки на кухне,
запах сигареты.
Теперь когда
приходишь в былое,
там все на месте,
а где был он — только тень и свет.
И ничего уже не поправить,
когда вот так
нашла память на память —
и в ней он есть, и в ней его нет.

2.

Жизнь это уже повод, чтобы напиться.
И правильно сделал, что не обращался
К врачам. Что они понимают, язычники!
Им бы только толочь нашу плоть
В ступке с порошками, чтоб из этой фигни
Слепить что-то вялое, благообразное.

3.

В тебе бродили сразу все предки,
Все предки — от Адама до Иова и дальше,
И все колена, и их продолжатели.
И вечная борьба Иакова с Кем-то

Всегда кипела в твоих жилах.
Зачем ты однажды оставил город
На Чёрном море, где даже чайки
Говорили с тобой на родном языке?
Зачем ушёл на Землю Обетованную?
К чему пришёл, проделав весь путь
Своих предков за несколько часов лёту?
Чтоб подытожить однажды по телефону:
«Здесь хорошо лишь умирать и молиться»?
Молитвам ты так и не научился.
Хорошо ли было тебе умирать?

4.

История прошла через тебя, как колея
По приватной зоне, сделав тебя частью
Своих свершений, их очевидцем.
Ты знал в пустыне каждый камень,
Чем он дышал, кого скрывал,
Мог отличить пророка от осла,
Еврея от араба…
И ты призывал
К ответу Всевышнего,
Шёл к горе,
Ставил пол-литра,
Были речи твои крамольны,
О них спотыкались верблюды и палестинцы,
И все колена израильтян,
Которые тебя увещевали хором,
Но ты доносил свою мысль до Него
На жалком иврите, на котором общался
С каменщиками и малярами безграмотней тебя.
Поэтому я и пишу о тебе,
А не о Джоне Доне или Вильяме Шекспире,
О тебе, никому неизвестном Гарике,

Который умер неизвестно когда,
Оставив лишь белый кружочек в скайпе
Как символ дома, где не обитает никто.

5.

Взял и умер, не сказав ни слова.
В этом — весь ты. Узнаю тебя.
Небось, ушёл в запой в райских кущах,
Празднуя свободу от бремени жизни
И взвалив на нас тяжкое бремя догадок,
Ужас от белого кружка в скайпе.
Выйдешь на связь, а он глядит,
Как мечемся по комнате или по жизни
В поисках тебя или может быть себя.

6.

Что прикажешь делать с этой памятью?
Где закопать её, где положить камень,
Как это принято у твоих предков,
Наших предков — грешных, гневливых,
Бунтующих и поддающихся с трудом
Праведному Возделывателю поколений?
Не плоть людская, а сплошной сопромат.
Из неё и Давид, и Соломон. И Иисус,
Пытавшийся в микву* окунуть человечество,
Столкнулся с той же частью механики.
Его прогнали на небеса,
А мы на земле удерживаем боем
Каждую пядь. А по ночам глядим
На свод небесный, планируем наступление.
Хочешь не хочешь, нагрянем и к тебе,
Притащим доктора в райские кущи,
Пусть полечит от запоя эйфории

Тебя, неизлечимый друг наш Гарик,
Чтоб ты вспомнил, что у тебя ещё есть
Твои друзья на этом свете,
Если даже в него ты не веришь там.

7.

Ну всё. Finite. Пора закругляться.
Какой там у тебя прощальный тост,
С которым ты забил на всё человечество,
Грохнувшись на землю так, что отскочила
Твоя душа рикошетом в небеса?
Об этом можно только догадываться.
Мы и догадываемся.
Вся жизнь — догадка.
Пей спокойно, дорогой товарищ,
Райский нектар, чтоб в загробном теле
Ничто не червилось, в особенности совесть,
Которая гложет день ото дня.
Нас, конечно. А ты безгрешен,
Чист, как этиловый медицинский спирт.
Прощай! А если надумаешь наведаться,
Тащи с собою старенькую улицу,
Бабеля, стихи, скрип трамвая,
И город, полный жизни и надежд.

---

* резервуар для омовения (ивр.)

ПОИСК ЗЕМЛИ

* * *

Вечер в гавани. Тихо курлычет маяк.
На якоре прошлого спит настоящее.
Песок под ладонью —
Словно ворох старых бумаг
Из отцовского ящика.
Мысль в воронку затянута.
То ли ко дну,
То ли к берегу вынесут
Шторма подсознанья.
Я под них никогда не усну,
Всё глубже в песках увязая.
Тихий голос отцовский…
Всю ночь шелестят-говорят
Эти строки зыбучие — слушай и слушай.
В этом мире прибрежном
Неизменны только моря.
К ним причалишь после скитаний по суше…

* * *

Опять туман ползёт с вершин дерев,
Опять дома теряются в догадках.
Клюкою ветки тело подперев,
Согнулся куст над лужицей в заплатках.
И говор шумных улиц приутих,
Машины скрылись в толщах мутной зыби.
Подобны тени медленные их
Подводной лодке или странной рыбе.
И Город в грёзах неба растворён,
И что на флаге — трудно догадаться,
И проступает спутанность времён
В меняющем обличия пространстве.

* * *

Пусть тебе приснится город, в котором
все мы были счастливы.
Людмила Шарга (из письма)

сон как берег
ночь как море
в городском саду играет
духовой оркестр из ветра
перед публикой из ретро
все тихонько подпевают
им собака подвывает

скачет свет
на тонкой ножке
словно девочка в берете
на ветру фонарь с полями
набекрень неловко сбился
флаг под ним в неверном свете
пляшет будто ангел смерти

нищенкой
у входа в церковь
протянула руку ветка
просит листьев хоть немного
просит жизни чуть побольше
ей звонарь убитый вторит
с ним фонарь подбитый вздорит

в подворотнях
грабит вихрь
переполненные баки
обещают шторм и ливень
плотно форточки закрыты

а прохожий
бестревожно
шлёпает по бездорожью
у него глаза прикрыты
и в ушах другие песни
может, так оно и лучше

обняла меня
сказала
не горюй и не печалься
пусть тебе приснится город
с голубым конвертом неба
помнишь
помню всё до капли
и не я ли иссушила
пусть приснится
коли сможет
пусть приснится
пусть приснится

* * *

Сесть в самолёт
И лететь, и лететь
В город,
Где солнечных зайчиков медь
Сыплется прямо
Из неба-кармана,
Падает в море
И ловится в сеть.
Щурятся чайки
В блёстках волны.
Живо хозяйки
Жарят блины
С красной икрою,
С чёрной икрою,
Разных покроев
И толщины.
Плещется рыба
На мраморных льдах,
Всем исполняет
Желанья за так.
И рад покупатель,
Гурман, обыватель,
Делец и мечтатель,
Поэт и рыбак.
Город-веселье,
Город-Гвидон,
Как карусели,
Крутится он
В празднике детства,
В слове «Одесса»,
Вдоль волнореза
В шёпоте волн.
Сесть в самолёт

И лететь, и лететь,
Туда, где с морскою
Небесная твердь
Пенится с воблой
И клешнями раков
Под стук домино
И прелюдию Баха.
— Сесть в самолёт… —
Я пишу-бормочу.
Месяц в окне зажигает свечу.
Взлётное поле
Листа наготове.
В путь!
И лечу, и лечу, и лечу…

* * *

Дует корабль в трубу, берег приветствуя.
Столько песка унесло в его отсутствие!
Ждут его раковины с письменами детства,
Блики русалок в листьях морской капусты
И накренившейся лодки тёмный абрис,
Дом на заливе, утёс, глядящий смиренно,
Как фиолетовый аист
Высматривает лягушку царевну…

* * *

Памяти «Адмирала Нахимова»

Это детство.
Ещё ничего неизвестно.
Пароход везёт меня в Крым из Одессы.
Мой отец на корме,
и корма на волне,
и прекрасны время и место.
Это лето.
Ещё не наложено вето
на избыток солнценебесного цвета,
и нацелен на даль,
разгоняя кефаль,
мой трубастый белый корабль.
Это полдень.
Ещё рыбий мир полноводен,
и смешенье стихий — как смешение родин,
и не ждёшь перемен,
и что даст это крен,
расколовшись в морском небосводе.

ЧЕХОВСКИЕ МОТИВЫ

1. Ялта

Рыбы режутся о каменистое дно,
в царапинах море.
Зонтик с книгой в обнимку
дремлет на скамейке влажной.
Ялта в дымке историй выходит на берег Истории.
Дама с собачкой неспешно гуляет по набережной.
Впереди у неё душная комната,
крах седьмой заповеди.
Покаянье, зевок любовника: — Да о чём ты?
После — море, как вечный сон, в Ореанде,
А напротив — церковь в сумерках, белая в чёрном.
Он вернётся в Москву.
Будут улиц метаморфозы,
Колокольный звон, осетрина с душком, смятенье,
Город С., и серое платье, и слёзы,
И гостиничный номер с окошком,
в котором темень.
А потом метель, февраль, словно мир распятый,
А потом июль, подвал, разложенье веры,
Нарушенье заповеди — шестой и пятой,
А потом четвёртой, третьей…
Наконец — первой.
А страницы бегут, бегут. Всё опаснее угол крена.
Пароход судьбы опять возвращается в Ялту.
— Пусть простит меня Бог! —
восклицает Анна Сергевна.
И идёт на набережную к Пилату.

2. Письмо

Милый Антон Павлович! Помните Ялту?
Она, как тогда. Не волнуйтесь, не переехала.
Я проверяла, читала, сличала карту.
Всё хорошо и спокойно в домике Чехова.
Ялта мне снится. Как ангел всего полуострова,
«Белая дача» его от падений хранила.
Я разделяю о ней слова Паустовского:
«Место в России огромной лирической силы».
Впрочем, кто я! Ванька Жуков в семье сапожников.
Стукнут, чуть что, молотком за моё недомыслие.
Так что письмо — между нами, пускай, если можно.
Главное — это свобода обмена письмами.
Главное — чтоб адресат на земле своей значился.
Главное — чтоб не сносили его как помеху.
Главное — чтоб почтальон доносил по адресу
Ныне и присно: «Крым. На деревню Чехову».

КОРАБЛИ

Одесский пляж. Обледененье.
Маяк хрустальный в отдаленье
Да изваянья лебедей.
Их кормят сердобольно хлебом.
Напуганные вьюг напевом,
Они и не бегут людей.
Но всё не так. Но всё — тревожней.
Я знаю это. Я была
У кромки льда, что злой таможней
Меня от крыльев берегла.
Я кралась в сумерках по следу,
И лунный свет кружил во льдах.
Грустил причал, корабль-легенду
Сияньям призрачным отдав.
Меня встречал дозор державный,
И превращались в корабли
Те лебеди, что стыли плавно
В снегах вдоль лунной колеи.
Так стойко охраняли птицы
Чужую тайну, чуждый век!
И накликали на ресницы
Иллюзий запредельных снег.
А на другом конце вселенной,
Где город вырос невпопад,
Грозил уснувшим вдохновенный,
Слепой, до-вечный снегопад.
Тревожно спали горожане.
Им снился лебединый стон,
И на морской сверкавшей длани
Судеб подлунных перезвон.
Им снились призрачные лица,
И снежных вихрей круговерть,

И гордые и злые птицы,
Отвергшие земную твердь.
Им снились в море обелиски,
И ледяные корабли,
И голоса далёких близких,
Что в вечном поиске земли.

ПЕСНОПЕНИЕ ТРАМВАЯ

* * *

Людмиле Шарга

Больше нет такого города!
Песнопение трамвая,
Подсыхающее золото
Расплескала мостовая,
Вспышки птиц, дома из ракушек,
Лозы — кладези историй,
И часы на древней ратуше
С временем, плывущим в море.
Рвенье пенистого грохота,
И назад от волнореза…
Больше нет такого города.
В смысле, есть. Один. Одесса.

* * *

Я родилась в этом Городе,
Море в моих венах
Звёздами раковин бродит
В млечностях белопенных,
Снов песчаное кружево,
Памяти белый катер,
Чайки в душе моей кружат
Вечером на закате.
Я родилась в этом Городе.
Воздух его — в дыхании.
Я родилась в этом Городе
Ранней апрельской ранью.
Двигались волн пилигримы,
И начинал возгораться
Город неопалимый
С ангелом белой акации.

* * *

И скоро звонкой мостовой
Покроется спасенный город…
А.С. Пушкин

Город заветный,
имя его — загадка,
соль на его берегах,
магия чаек в небе.
С ним просыпаешься,
с ним засыпаешь
и слышишь —
кто-то аукает
в раковине старого дома.
Нет его больше.
Только то и осталось:
пенный прибой,
солнце за волнорезом,
дым корабля,
живших людей отраженья,
тени их на песке,
на мощёных улицах.
Цокает прошлое
бликами звонкого света,
город в броню одевает,
хранит, спасает,
шепчет ему
на языке Бога
что-то такое,
чем дышит он долго,
долго…

AVE

«Ave» одновременно означает «привет»
и «прощай» (из разговора)

Луна по ряби снов — дорожка в детство.
Царит вчера, пока забрезжит завтра…
Руно волны колышется. Одесса
Сиреной зазывает аргонавтов.
А Одиссея снов одна и та же —
Летучих парусов неясный призрак,
Песок у кромки в тёмных звёздах влажных,
И колдовство берегового бриза.
А паруса — над городом, над морем,
Над звёздами… Над звёздами? А что там?
Там дуб зелёный с вечным Лукоморьем
Да книга жизни с жёстким переплётом.
— Лети, лети! — зовёт на скалы сердце,
Чтоб выпал ритм из его оправы.
Штормит единство действия и места.
А город переводит: «Ave!».

СУММА ОДИНОЧЕСТВ

* * *

Где загорали вы? В Италии,
На склоне года, в ноябре,
В предместье Рима — в той дыре,
Что и названья не слыхали вы,
Что и на карте не сыскали бы —
В такой невиданной мечталии
Я загорала в ноябре.
Сияли глянцами магнолии.
Всё было так, как говорю.
И тосковала я не более,
Чем принято в сием краю.
И восхищалась я: в Италии
На этом самом берегу
Я ль очутилась, я ли, я ли, я!..
И плыл обернутый в фольгу
Кусочек жизни в поднебесье
Туда, где нет уже тепла,
Где я была,
Где быть могла —
К далекой, дорогой...
К Одессе...

ВЕТХИЙ ДОМ

Галине Безикович

1.

Что-то к прошлому мы давно
Не наведывались в дом тот ветхий.
Мяч луны угодил в окно.
Там сквозит на лестничной клетке.
Там, как чёрный, парадный ход —
Кто-то пил и семечки лузгал.
И облезлый шкодливый кот
Втихаря выуживал мусор.
Как кощеев ларец на цепях,
Лифт скрипел и качался очень.
А взамен золотого яйца
Он соседа вываливал к ночи.
Ворковало за стенкой кино,
И рассветов ещё было вдоволь.
Что-то прошлое мы давно
Не проведывали. Здорово ль?

2.

Лунный свет бродил по берегу,
Гребни тёплых волн очерчивал.
По утёсу крутоверхому
Рисовал прибой подсвеченный.
Спали дети в дальних странствиях.
Покрывалось небо звёздами.
И в его безбрежном царствии
Только боги были взрослыми.

То и снится, что аукнется
В памяти, где мы — вчерашние.
Где уводит к морю улица
Чуть запавшей чёрной клавишей.
Там сидим на побережье мы,
Временем не опечалены,
И следы детей по-прежнему
Скачут буквами печатными.

3.

Дверь толкни и входи, не стой
Не прислушивайся, как дует
Ветер в комнате полупустой.
Там никто не живёт, не думай.
На столе тот же луч косой,
Та же ваза со дня рожденья.
Тот же час на часах — шестой.
И вдоль кресел — две наших тени.

* * *

Незимняя одесская зима.
Она подняла туч высокий ворот,
И льдины серые слагая в терема,
Дождями омывает город.
Дни декабря беспомощно скользят —
Один, второй, по краю ледяному…
Так круг друзей, что был когда-то свят,
Вдруг разомкнулся за порогом дома.
И планомерно затухает год,
Готовясь к монотонным наращеньям,
И в декабре почти любой уход
Читается невольно возвращеньем.
Через стекло лицом к дождю прильнуть,
Смотреть на капли, что в ветвях застыли.
Ветрам свои непройденные мили,
Нам — свой идти, нерасчленимый, путь.

* * *

Людмиле Шарга

У нас метель...
(из переписки)

Как я хочу в твою метель!..
Там то ли вьётся, то ли снится
Разорванная в снег страница —
Раздумья облачных недель.
Здесь — только лампа и луна
Во всём большом квадрате ночи.
Я думаю, что я одна,
Ты думаешь, что ты одна,
И сумма наших одиночеств
Кому-то третьему видна.
А улица стремится вверх…
А может быть, мы просто смотрим
Туда. И скрытых звёзд акроним
Приходит к нам сквозь ночь и снег.
И сумма одиночеств в нём,
И жизнь, что скачет по синкопам.
И думаем мы об одном,
И смотрит в вечность астроном
Несовершенным телескопом.

РЕКВИЕМ ПО СНЕГУ

Есть город, который я вижу во сне…
Семён Кирсанов

1.

Луна маячит на последнем этаже,
Словно готовится к прыжку с вышки.
Машины шуршат по мостовым, как мыши,
И юркают в норки гаражей.
И снится снег, и плывёшь, и плывёшь
Вдоль берега ночи по его млеку,
И Город сам на себя не похож,
И память о нём из снежных молекул.

2.

Время заканчивается там, где вода.
Мы спим и движемся вереницей туда,
Где сверху сияющее, а внизу беспросветное,
И будущее пятится в никуда,
И на дудочке древа играет ветром.

3.

Когда просыпаешься, всегда ночь.
Толщу её не пробьёт и слово.
Засыпаешь — день. И всё точь-в-точь
Повторяется от одного пробужденья до другого.

4.

Дно кровати — травы и мох,
Пружины корней уходят в подземелья

Снов, застающих всегда врасплох
Сознанье, потерявшее бдительность в теле.
Город тикает. Полночь. Свет.
Мина ходиков поджидает бессонницы.
Там, где ты есть, — тебя уже нет,
Хоть одно с другим никак не сходится.

5.

… И снится будущее. И все идут
С закрытыми глазами, и море в блёстках,
И плавно вздымается его батут
Под ангелами парусников и детьми в матросках.
И ты летишь, и весь мир — вода,
И ничто не шелохнётся над сияющей гладью,
И горны ангелов отлиты изо льда,
И музыка сфер неподвластна восприятию,
И матери в белом… А потом, а потом
В казарме вселенной трубят подъём.

6.

И ты подскакиваешь. А жизнь твоя
Продолжает парить над ареной моря,
И дрессированная семья
Чаек разлетается в каком-то узоре,
И степь заплетает косу, и склон
Смотрит, как солнце зреет в зените,
И колокол облака хранит в себе звон,
И шмель раскачивается на солнечной нити.
А ты выполняешь «бегом арш!»
По жизни своей, в воронку отброшенной
Взрывом будильника. И в почтовом ящике —
Похоронка будущего, ставшего прошлым.

7.

И всё раскалывается — память, жизнь,
И думы о прошлом, будто бомжи,
Блуждают в обломках эпохи.
И прежние радости нехороши,
И новые радости не для души,
И Город застыл на вдохе
Гигантского оползня. Ночью слышней,
Как движутся мысли песков, камышей
Под театром бульваров и скверов,
И кто не уснул, тот не сможет уже,
А тот, кто уснул, содрогнётся в душе
От вида подземных карьеров.

8.

Над морем раскинулся Город-гулаг.
Беззвёздная ночь — его траурный флаг.

Его стережёт часовой без лица,
Без рода, без Матери, Сына, Отца.

И надзиратель с оползнем глаз
Шарит по улицам в сумрачный час.

Город отрезан, город в беде.
Спит бескозырка на чёрной воде.

Что там под ней? Чернота? Пустота?
Город молчит. Неспроста, неспроста.

Ветра набат. Осыпается дом.
Город залёг на дно катакомб.

9.

И ёжится море посреди снегов,
И метель из шуб, самоваров и писем
Его укутывает, но не спится
Морю под тяжестью метельных снов.
А ночь надвигается со всех сторон,
И ветры захлёбываются в агонии,
И море вьюжится множеством волн,
И Город мерещится с колокольнями,
И слух улавливает перезвон пурги,
А купола застилает снегом,
И на расстоянии вытянутой руки —
Пристань, чайки, обрыв над берегом,
Ты на краю… И смотрят ввысь
В ожидании будущего дети в матросках.
Но будущего нет. И мелькает мысль:
«Нет — и не надо». А потом — воздух.

ВХОД СВОБОДНЫЙ

* * *

В серых двориках днём безлюдно,
И внутри домов неуютно —
Пусто, холодно, и снаружи
Мёрзнут голуби, мёрзнут лужи.
В море судно дрейфует льдиной.
Всё дрейфует судьбой единой —
От морей до земель, что раньше
Были ваши, а стали наши,
От надежды до почтальона.
В театре пьеса времени оно.
Ходят люди, читают афишу
И как будто бы стали ближе.
Мир плывёт по дуге небосводной.
Вход свободный в стране несвободной.

* * *

Адонай Элохай леолам одека
(Г-сподь, мой Б-г, буду благодарить Тебя вечно!)
Псалом 30

Одесса в оккупации. В оперном тишина
Исполняет реквием для позолоченных херувимов.
Билеты распроданы. Публика сожжена,
И пепел потоком движется мимо,
Останавливаясь на Куликовом, оседая в пыли,
Прилипая хлопьями к оброненной конфете,
И поднимаясь из могильной земли,
Гонит дальше его конвоир-ветер.
Чумка, кладбище, за ним тюрьма.
За тюрьмою тьма,
Позади — дома
Остывают комнатами пустыми.
Кружит пепел. И чтоб не сойти с ума,
Город шепчет своё имя.
Зажигаются окна. Акация пахнет острей.
Говор чужбины щёлкает затвором.
Свет уже за тридевять морей.
Только память о нём с городом.
— Одесса-одека! — доносится волн иврит.
В камере тучи — звезда накануне смерти
Смотрит в Чёрное море, горит.
Одесса в оккупации. Сорок третий…

* * *

В бараке памяти светло.
На всякий век — своя причина.
Вот Город снегом замело,
Но тайная горит лучина.
И вновь торопится отец —
Снег на ресницах, ёлка в санках,
В печи с лепниной — тёмный блеск
Графитов из подземных замков.
По ним вернётся в дом тепло,
Оттает время на странице.
Как холст, оконное стекло,
А в нём лучина серебрится.
И даже много лет спустя
Она согреет зиму комнат,
Озноб окраин бытия
И тёмный мой опальный Город…

ОДЕССКИЙ ТРАМВАЙЧИК

Мы сели в одесский трамвайчик,
Нам было тогда по пути.
Пломбира подтаял стаканчик,
Весна начинала цвести,
Чирикали весело рельсы,
Народ пробивался в вагон,
И песню тебе, ах, Одесса,
Я пела с тобой в унисон.
И мне аплодировал стойко
Седой пенсионный партер,
Дарила конфеты галёрка,
И ставил кондуктор в пример.
А день становился взрослее,
Пил с вечером на посошок,
И где-то в тени на аллее
Дремал куликовый ожог.
Катился трамвай мой под горку,
Колёса пластинок сломя,
Пустели партер и галёрка,
И в ночь из вагона лишь горько
Неслось: «Ах, Одесса моя…»

СТРАНИЦА

Одесса моя, бегущая по волнам
В пламени заката, когда всем нам
Грезится такое, от чего вода
Закипает,
Дрожь накатывает на блаженство дач,
С поля катится футбольный мяч
В ров, где комариная орда
Бал свой правит.
Там дитя, зовущее из песков,
Тычется в поиске материнских сосков
В тёмный муравейник, откуда тленье
Сочится.
Так история с каждым говорит.
И в воде не тонет, и в огне не горит
Её страница.

ВТОРОМАЙСКАЯ ЭЛЕГИЯ

Ещё полночи впереди.
Огни на дачах.
Май причалил.
И светофоры в забытьи
Мигают, не переключаясь.
Им в такт — маяк,
гудков гобой,
Накаты в звёздном оперенье.
Ещё дослушают прибой
Кусты, мечтая о сирени,
И досияет пол-луны
Над крышами и побережьем,
И лепет девочки-волны
Ещё полночи будет прежним.
И словно центр небес и вод,
Замрёт на рейде царь-корабль…
Ещё полночи до невзгод.
Спит безмятежно Город-Авель.

ПОСЛЕДНИЙ КАДР

Памяти журналиста и музыканта
Дмитрия Иванова

Балансируя с камерой наперевес,
Он увидел близость земли и небес
И услышал их неразрывность
И в своей, и в пылающей рядом судьбе,
И снимал изнутри репортаж о себе,
Размышляя, взлететь или прыгнуть.
Возгорались птицы, кружился дым.
Этот город с утра ещё был родным.
Кто успел изменить регламент?
Он стоял, раскачиваясь в раме окна,
И осталась минута — всего одна —
До того, как его не станет.

СВЕЧА

Памяти зверски убитых 2 мая в Одессе

1

Это здание свечки-огарка,
Это пепла густого набат,
И подруга моя санитарка,
И домашний её медсанбат.
Лик впечатан в пол размозжённый,
В крест окна и в железобетон.
Это город мой обожженный,
Где на всех не хватило бинтов.
Будет страшно, замедленно сниться
Крик в церковные купола,
Но надежды нет дозвониться –
Отказали колокола.
То молчанье мрачней утраты.
Не звонили они по ком,
Знает двор, безымянные парты
И всё небо над вечным огнём…

2

Город спит под конвоем снов.
Город видит туннели дул.
Город гонят вдоль мостовой,
Чтобы он никуда не свернул,
Чтоб он двигался в массе тел
К точке ада, адом ведом,
Был насаженным на вер-тел,
В чреве мёртвой кипел живьём,
Слушал плоти сжигаемый зов,
Ликованья победной орды,
И не вышел уже из снов –
Из последней своей беды.
А меня там давно уже нет.
И в окошке моём луна.
И в будильнике ждёт рассвет.
А во сне у меня – война.

3

Чёрное море
Чёрное небо
Шепчут молитвы
Священник и ребе
Держит мужчина
В разбитом окне
Связку тюльпанов
(Дочке? Жене?)
Чёрное море
Чёрное небо
Чёрная лестница
Чёрного склепа
Блик на стене
Проступил и остыл
Пусто гестапо
Пепел и пыль
Чёрное море
Чёрное небо

Город-маяк
Капитана тебе бы

4

…животом запрокинувшись к Господу,
упираясь ногами в пол,
она, выгнулась на столе,
ощущая биенье в утробе,
пока горлом шёл из неё вопль,
где душа отрывалась от плоти, а во гробе
её шевелилось замурованное дитя.
И подумалось ей из предсмертного забытья,
что, наверное, снятся ему кошмары,
что страдает на этом кресте ни за что,
и молила Господа, чтобы Тот снизошёл,
и сочилась вода из плохо отжатой швабры.
Кто-то снизу не выдержал: - Да кончай же её скорей!
Горечь уксуса с желчью. Подумала: «как же теперь?
пять комнат остались неубранными…
пять комнат неубраны на этаже».
Кто-то тронул дитя копьём, и в душе
Отозвалось эхом:
- Уже.

5

Одесса в цвету. Развороченных улиц безлюдье.
На булыжниках солнечных зайчиков чехарда.
Пароходов тоскливое перегудье
Провожает время, отчалившее навсегда.
На скамейках воркуют на идише старые голуби.
По витрине извилистой трещиной Лета стекла.
И клюют воробьи с поминальной нептичьей скорбью
Второмайскую чёрствую булочку в блёстках стекла.

6. Минотавр

В этом здании
мраком завис угар,
и вповалку лежит
млад и стар,
а над ними – выхлопы
победных литавр.
В этом здании живёт минотавр.

Ты туда не ходи
ни за что, никогда,
даже если приснится
гнилая вода,
и потянутся руки,
и станут просить –
не ходи, не смотри,
отвернись и проснись.
Помолись
за обласканный свой аватар,
Напиши –
это сон про военный кошмар,
И вдыхай в пепелище курящийся лавр.

И полюбит тебя минотавр.

7. Молитва

Упокой, Господи, души убиенных,
Пусть не плачут, не стонут, не бросаются в окна,
Образумь их, введи им покой в вены,
Чтобы в них текло Твоё небо токмо.
Упокой их, Господи, вразуми их души,
Объясни, что всё это теперь уже в прошлом,
Ничего не вернёшь и что так лучше,
И что нужно жить, кто ещё не отжил,
Что придут, замажут, заклеят, зачистят.
Никаких следов. Будет милый скверик.
И пойдёт всё по-прежнему. Как тогда. Почти что.
Убеди их там, Господи, если кто не верит.
И пусть в полночь они не стучатся в совесть,
Не выводят свои имена на стенах
Ни огнём, ни кровью, ни крестом, ни прописью.
Упокой же, Господи, души убиенных!

8. Заклятье

Их жгли, а они превращались в море,
Катились по городу огненным штормом,
Оставляя на каждом камне историю,
Чтоб она пришла в обуглено-чёрном
На порог их дома, на край их парты,
На страницу учебника, где не всё замяли,
С дымящимся лацканом для награды,
На котором плавятся ордена и медали,
И чтоб каждый, кто был в тот час там с факелом
В руках ли, в сердце, кто держал на прицеле
Агонию тел, что ад выталкивал
В амбразуру окна, - чтоб под ним горели
Волны Чёрного моря, чтоб не смел он
В них погружаться, а его дети и внуки,
Войдя в те воды, становились пеплом
По щиколотки, по пояс, по плечи, по руки.
И пусть это будет мерилом истины,
И пусть не будет ясней аллегории,
Чтобы, отхлынув туда, где Немыслимое,
Всегда возвращалось к Городу море.

9. Памятник

Лица тех, что ветра не остудят,
Лишь Ему опознать удалось.
Обелиском свеча там будет,
А по ней – оползающий воск.
А под нею – полутелами
Возвышаться будет амвон.
А над нею – крылатое пламя.
А поодаль – реквием волн.
И придёт к ней каждый, кто помнит,
И к подножью её приползут
Те, на ком клеймом преисподней
Несмываемой крови мазут.
И когда на ожогах террора
Пепел слёз взойдёт в тишине,
С мостовых, как шаги Командора,
Донесутся шаги Ришелье.
Он сойдёт с постамента, увитый
Тогой ран и побед, чтобы в срок
Неизвестному Одесситу
С головы возложить венок.
Будет пламень над городом виться,
Как биенье живое. И в нём
Распознают черты и лица,
Что пытались стереть огнём.
И посланьем будет к потомкам
В небесах золотая волна,
И зажжёт её новый Потёмкин,
И на тех – самовластья – обломках
Впишет Город жертв имена.